BIONICLE®

Le défi des Hordika

BIONICLE®

TROUVE LE POUVOIR,
VIS LA LÉGENDE.

La légende prend vie dans ces livres passionnants de la collection BIONICLE® :

1. Le mystère de Metru Nui
2. L'épreuve du feu
3. Sous la surface des ténèbres
4. Les légendes de Metru Nui
5. Le voyage de la peur
6. Le labyrinthe des ombres
7. Le piège des Visorak
8. Le défi des Hordika